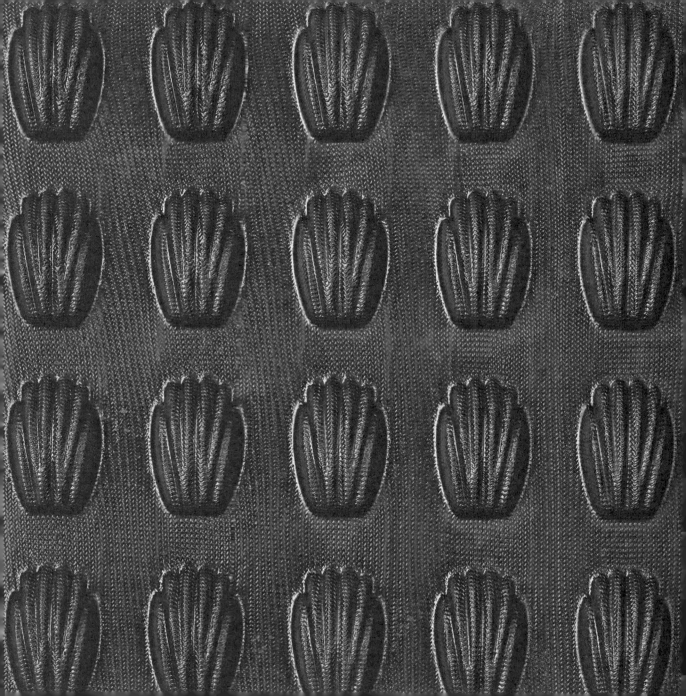

mini madeleines

Sandra Mahut
FOTOGRAFIAS DE DAVID JAPY
Food Design de Sandra Mahut

sumário

mini madeleines 4

MINI MADELEINES SALGADAS

receita de base salgada 6

mini madeleines de pesto verde e pesto vermelho 8

mini madeleines de pistaches 10

mini madeleines de cogumelos porcini e nozes 12

as mini madeleines de legumes verdes 14

mini madeleines de tomates-cereja e queijo de cabra 16

mini madeleines de ervas finas 18

mini madeleines de salmão fresco e dill 20

as mini madeleines de camarão 22

mini madeleines picantes 24

mini madeleines de alho e gengibre fritos 26

mini madeleines de gergelim 28

mini madeleines de presunto e cominho 30

mini madeleines de maçã e chouriço 32

mini madeleines de presunto parma 34

as mini madeleines de queijo 36

4 molhos para as mini madeleines salgadas 38

MINI MADELEINES DOCES

receita de base doce 40

as mini madeleines aromatizadas 42

mini madeleines de mel 44

mini madeleines de caramelo com manteiga salgada 46

mini madeleines de café 48

as mini madeleines de chocolate 50

mini madeleines tipo baba ao rum 52

as mini madeleines de frutas frescas 54

as mini madeleines com coração de geleia 56

mini madeleines tipo carrot cake 58

mini madeleines chocomenta 60

mini madeleines cor-de-rosa 62

4 molhos para as mini madeleines doces 64

tiramissú de mini madeleines 66

charlottes e trifles de mini madeleines 68

torre colorida 70

mini madeleines...

Salgadas ou doces, acompanhadas de coberturas e molhos deliciosos, as mini madeleines se moldam segundo seus desejos e suas vontades. Ouse combinar as cores e sabores inusitados para tornar esse bolinho um quitute inesquecível.

mini madeleines práticas

Nada mais simples do que criar mini madeleines: basta uma grade, um fouet, um forno e, claro, formas de metal ou de silicone. As formas de silicone têm a vantagem de ser antiaderentes, não sendo necessário untá-las.

folia das mini madeleines

As quantidades indicadas nas receitas desse livro estão adaptadas para a realização de 28 mini madeleines. Com esses pequenos petits fours, você encantará o seu paladar e conquistará os seus convidados.

PARA UMA FORMA DE 28 MADELEINES · 10 MINUTOS DE PREPARAÇÃO · 30 MINUTOS DE DESCANSO · 8 A 10 MINUTOS DE COZIMENTO

receita de base salgada

os ingredientes de base

100g de farinha de trigo branca
2 ovos
3 colheres (café) de fermento químico
1 pitada de sal e pimenta-do-reino preta
2 colheres (sopa) de azeite extravirgem
20g de manteiga derretida
2 colheres (sopa) de parmesão ralado
4 colheres (sopa) de leite
1 gota de Tabasco (opcional)

a massa

Misture todos os ingredientes com a ajuda de um fouet.

Deixe a massa descansar por, pelo menos, 30 minutos na geladeira.

o cozimento

Preaqueça o forno a 220ºC. Despeje uma colher (café) da mistura em cada cavidade, bem untada, da forma. Coloque a forma em cima de uma grade de metal.

Coloque no forno. Deixe assar por 3 a 4 minutos e diminua a temperatura para 180ºC. Deixe assar por mais 5 a 6 minutos.

Fique atento com o tempo de cozimento, pois ele varia dependendo do forno.

Para que as madeleines cresçam bem, é necessário um choque térmico entre a massa, bem gelada, e o forno, bem quente.
É também importante untar cada cavidade da forma.
Para isso, aconselhamos usar as formas flexíveis, pois elas não grudam, e as madeleines serão feitas sempre com sucesso.

6 · MINI MADELEINES SALGADAS

PARA UMA FORMA DE 28 MADELEINES · 10 MINUTOS DE PREPARAÇÃO · 30 MINUTOS DE DESCANSO · 8 A 10 MINUTOS DE COZIMENTO

mini madeleines de pesto verde e pesto vermelho

os ingredientes de base
100g de farinha de trigo branca
2 ovos
3 colheres (café) de fermento químico
1 pitada de sal e pimenta-do-reino preta
2 colheres (sopa) de azeite extravirgem
20g de manteiga derretida
2 colheres (sopa) de parmesão ralado
4 colheres (sopa) de leite

o recheio
duas colheres (sopa) de piñoles

o pesto verde
1 maço de manjericão fresco
120g de parmesão ralado
1 dente de alho
125ml de azeite

o pesto vermelho
100g de tomates secos
120g de parmesão ralado
1 dente de alho
125ml de azeite

o recheio
Torre os piñoles em uma frigideira antiaderente, deixando-os dourar levemente, sem deixá-los queimar (o que pode acontecer rapidamente).

Misture todos os ingredientes do pesto verde até obter uma massa homogênea.

Misture todos os ingredientes do pesto vermelho até obter uma massa homogênea.

a massa
Misture os ingredientes da receita de base.

Divida a massa em duas, adicione em uma das metades uma colher (sopa) de pesto verde e na outra uma colher (sopa) de pesto vermelho. Reparta os piñoles torrados em ambas as misturas.

Deixe descansar durante 30 minutos, na geladeira.

o cozimento
Preaqueça o forno a 220ºC. Despeje uma colher (café) da mistura em cada cavidade, bem untada, da forma.

Coloque no forno. Deixe assar por 3 a 4 minutos e diminua a temperatura para 180ºC. Deixe assar por mais 5 a 6 minutos. Caso as madeleines dourem rápido demais, diminua a temperatura do forno.

PARA UMA FORMA DE 28 MADELEINES · 10 MINUTOS DE PREPARAÇÃO · 30 MINUTOS DE DESCANSO · 8 A 10 MINUTOS DE COZIMENTO

mini madeleines de pistaches

os ingredientes de base

100g de farinha de trigo branca
2 ovos
3 colheres (café) de fermento químico
1 pitada de sal e pimenta-do-reino preta
2 colheres (sopa) de azeite extravirgem
20g de manteiga derretida
2 colheres (sopa) de parmesão ralado
4 colheres (sopa) de leite

o recheio

100g de pistaches sem pele
um pouco de ceboulette

o recheio

Triture os pistaches, grosseiramente, no processador.

Pique a ceboulette.

a massa

Misture os ingredientes da receita de base e adicione os pistaches e a ceboulette.

Deixe descansar durante 30 minutos, na geladeira.

o cozimento

Preaqueça o forno a 220ºC. Despeje uma colher (café) da mistura em cada cavidade, bem untada, da forma.

Coloque no forno. Deixe assar por 3 a 4 minutos e diminua a temperatura para 180ºC. Deixe assar por mais 5 a 6 minutos. Caso as madeleines dourem rápido demais, diminua a temperatura do forno.

PARA UMA FORMA DE 28 MADELEINES · 10 MINUTOS DE PREPARAÇÃO · 30 MINUTOS DE DESCANSO · 8 A 10 MINUTOS DE COZIMENTO

mini madeleines de cogumelos porcini e nozes

os ingredientes de base

100g de farinha de trigo branca
2 ovos
3 colheres (café) de fermento químico
1 pitada de sal e pimenta-do-reino preta
2 colheres (sopa) de azeite extravirgem
20g de manteiga derretida
2 colheres (sopa) de parmesão ralado
4 colheres (sopa) de leite

o recheio

10 a 20g de cogumelos porcini desidratados
1 colher (sopa) de óleo de nozes
50g de nozes trituradas

o recheio

Mergulhe os cogumelos porcini em uma xícara (chá) de água fervente durante 10 minutos.

a massa

Misture os ingredientes da receita de base.

Incorpore o óleo de nozes e os cogumelos porcini cortados em pequenos pedaços. Adicione as nozes e misture bem.

Deixe descansar durante 30 minutos na geladeira.

o cozimento

Preaqueça o forno a 220ºC. Despeje uma colher (café) da mistura em cada cavidade, bem untada, da forma.

Coloque no forno. Deixe assar por 3 a 4 minutos e diminua a temperatura para 180ºC. Deixe assar por mais 5 a 6 minutos. Caso as madeleines dourem rápido demais, diminua a temperatura do forno.

as mini madeleines de legumes verdes

rúcula (EM CIMA, À ESQUERDA)

Lave 20g de rúcula, seque-a e corte-a em tiras finas.

Misture os ingredientes da receita base (vide página 6) e adicione a rúcula. Se preferir, bata a rúcula no liquidificador com um pouco de azeite. Misture bem. Coloque por 30 minutos na geladeira.

Preaqueça o forno a 220°C. Despeje uma colher (café) da mistura em cada cavidade, bem untada, da forma.

Coloque no forno. Deixe assar por 3 a 4 minutos, e 5 a 6 minutos a 180°C.

cerefólio (EM BAIXO, À ESQUERDA)

Pique um ramo de cerefólio em pedaços pequenos.

Misture os ingredientes da receita base (vide página 6), trocando o sal por sal de cerefólio. Adicione o cerefólio picado e misture bem. Coloque por 30 minutos na geladeira.

Preaqueça o forno a 220°C. Despeje uma colher (café) da mistura em cada cavidade, bem untada, da forma.

Coloque no forno. Deixe assar por 3 a 4 minutos, e 5 a 6 minutos a 180°C.

ervilha fresca (EM CIMA, À DIREITA)

Cozinhe 20g de ervilhas frescas ou congeladas no vapor.

Misture os ingredientes da receita base (vide página 6). Adicione as ervilhas, uma pitada de açúcar e misture delicadamente. Pode-se também adicionar alguma erva aromática picada (ceboulette, cerefólio ou salsa). Coloque por 30 minutos na geladeira.

Preaqueça o forno a 220°C. Despeje uma colher (café) da mistura em cada cavidade, bem untada, da forma.

Coloque no forno. Deixe assar por 3 a 4 minutos, e 5 a 6 minutos a 180°C.

espinafre (EM BAIXO, À DIREITA)

Refogue 30g de espinafre (fresco ou congelado) em uma panela com duas gotas de água. Escorra e bata-o até obter uma massa bem fina (ou amasse-os com um garfo).

Misture os ingredientes da receita base (vide página 6) e adicione o espinafre. Misture bem. Pode-se adicionar uma pitada de noz-moscada. Coloque por 30 minutos na geladeira.

Preaqueça o forno a 220°C. Despeje uma colher (café) da mistura em cada cavidade, bem untada, da forma.

Coloque no forno. Deixe assar por 3 a 4 minutos, e 5 a 6 minutos a 180°C.

PARA UMA FORMA DE 28 MADELEINES · 10 MINUTOS DE PREPARAÇÃO · 30 MINUTOS DE DESCANSO · 8 A 10 MINUTOS DE COZIMENTO

mini madeleines de tomates-cereja e queijo de cabra

os ingredientes de base
100g de farinha de trigo branca
2 ovos
3 colheres (café) de fermento químico
1 pitada de sal e pimenta-do-reino preta
2 colheres (sopa) de azeite extravirgem
20g de manteiga derretida
2 colheres (sopa) de parmesão ralado
4 colheres (sopa) de leite

o recheio
200g de queijo de cabra
1 ramo de tomates-cereja bem maduros

o recheio

Corte o queijo de cabra em pedaços pequenos.

Corte os tomates-cereja em dois.

a massa

Misture os ingredientes de base. Adicione o queijo de cabra e misture.

Deixe descansar durante 30 minutos na geladeira.

o cozimento

Preaqueça o forno a 220ºC. Despeje uma colher (café) da mistura em cada cavidade, bem untada, da forma. Afunde metade de um tomate cereja no centro de cada madeleine.

Coloque no forno. Deixe assar por 3 a 4 minutos e diminua a temperatura para 180ºC. Deixe assar por mais 5 a 6 minutos. Caso as madeleines dourem rápido demais, diminua a temperatura do forno.

PARA UMA FORMA DE 28 MADELEINES · 10 MINUTOS DE PREPARAÇÃO · 30 MINUTOS DE DESCANSO · 8 A 10 MINUTOS DE COZIMENTO

mini madeleines de ervas finas

os ingredientes de base

100g de farinha de trigo branca
2 ovos
3 colheres (café) de fermento químico
1 pitada de sal e pimenta-do-reino preta
2 colheres (sopa) de azeite extravirgem
20g de manteiga derretida
2 colheres (sopa) de parmesão ralado
4 colheres (sopa) de leite

o recheio

1 maço de ceboulette
1 maço de cerefólio ou salsa

o recheio

Pique a ceboulette e o cerefólio bem fino, seja com a ajuda de uma faca ou utilizando uma tesoura dentro de um copo vazio.

a massa

Misture os ingredientes de base. Adicione as ervas finas e misture bem.

Deixe descansar durante 30 minutos na geladeira.

o cozimento

Preaqueça o forno a 220ºC. Despeje uma colher (café) da mistura em cada cavidade, bem untada, da forma.

Coloque no forno. Deixe assar por 3 a 4 minutos e diminua a temperatura para 180ºC. Deixe assar por mais 5 a 6 minutos. Caso as madeleines dourem rápido demais, diminua a temperatura do forno.

PARA UMA FORMA DE 28 MADELEINES · 10 MINUTOS DE PREPARAÇÃO · 30 MINUTOS DE DESCANSO · 8 A 10 MINUTOS DE COZIMENTO

mini madeleines de salmão fresco e dill

os ingredientes de base

100g de farinha de trigo branca
2 ovos
3 colheres (café) de fermento químico
1 pitada de sal e pimenta-do-reino preta
2 colheres (sopa) de azeite extravirgem
20g de manteiga derretida
2 colheres (sopa) de parmesão ralado
4 colheres (sopa) de leite

o recheio

1 pedaço de salmão fresco
sal e pimenta a gosto
2 ramos de dill

o recheio

Corte o salmão em pedaços pequenos. Coloque sal e pimenta.
Pique bem o dill.

a massa

Misture os ingredientes de base. Adicione os pedaços de salmão e o dill.
Deixe descansar durante 30 minutos na geladeira.

o cozimento

Preaqueça o forno a 220ºC. Despeje uma colher (café) da mistura em cada cavidade, bem untada, da forma.

Coloque no forno. Deixe assar por 3 a 4 minutos e diminua a temperatura para 180ºC. Deixe assar por mais 5 a 6 minutos. Caso as madeleines dourem rápido demais, diminua a temperatura do forno.

20 · MINI MADELEINES SALGADAS

as mini madeleines de camarão

manga e capim-limão (EM CIMA, À ESQUERDA)

Pique um ramo de capim limão. Descasque e corte meia manga em pedaços bem pequenos. Corte 12 camarões limpos em pedaços pequenos.

Misture os ingredientes da receita base (vide página 6). Adicione o capim limão, a manga e os camarões. Misture delicadamente. Coloque por 30 minutos na geladeira.

Preaqueça o forno a 220°C. Despeje uma colher (café) da mistura em cada cavidade, bem untada, da forma.

Coloque no forno. Deixe assar por 3 a 4 minutos, e 5 a 6 minutos a 180°C.

cúrcuma (EM BAIXO, À ESQUERDA)

Corte 12 camarões limpos em pedaços pequenos.

Misture os ingredientes da receita base (vide página 6). Adicione os camarões, uma colher (café) de cúrcurma e misture delicadamente. Coloque por 30 minutos na geladeira.

Preaqueça o forno a 220°C. Despeje uma colher (café) da mistura em cada cavidade, bem untada, da forma.

Coloque no forno. Deixe assar por 3 a 4 minutos, e 5 a 6 minutos a 180°C.

erva-doce (EM CIMA, À DIREITA)

Corte 12 camarões limpos em pedaços pequenos.

Misture os ingredientes da receita base (vide página 6). Adicione sementes de erva-doce e os pedaços de camarão. Misture delicadamente. Coloque por 30 minutos na geladeira.

Preaqueça o forno a 220°C. Despeje uma colher (café) da mistura em cada cavidade, bem untada, da forma.

Coloque no forno. Deixe assar por 3 a 4 minutos, e 5 a 6 minutos a 180°C.

estragão e limão (EM BAIXO, À DIREITA)

Corte 12 camarões limpos em pedaços pequenos. Pique 4 ramos de estragão. Corte tiras bem finas da casca do limão.

Misture os ingredientes da receita base (vide página 6). Adicione o estragão, o limão e os camarões. Misture bem. Coloque por 30 minutos na geladeira.

Preaqueça o forno a 220°C. Despeje uma colher (café) da mistura em cada cavidade, bem untada, da forma.

Coloque no forno. Deixe assar por 3 a 4 minutos, e 5 a 6 minutos a 180°C.

PARA UMA FORMA DE 28 MADELEINES · 10 MINUTOS DE PREPARAÇÃO · 30 MINUTOS DE DESCANSO · 8 A 10 MINUTOS DE COZIMENTO

mini madeleines picantes

os ingredientes de base
100g de farinha de trigo branca
2 ovos
3 colheres (café) de fermento químico
1 pitada de sal e pimenta-do-reino preta
2 colheres (sopa) de azeite extravirgem
20g de manteiga derretida
2 colheres (sopa) de parmesão ralado
4 colheres (sopa) de leite

o recheio
2 ou 3 tomates secos
2 colheres (café) de extrato de tomate
2 colheres (café) de molho de pimenta

o recheio
Pique os tomates secos em pedaços pequenos.

a massa
Misture os ingredientes de base. Adicione o extrato de tomate e o molho de pimenta. Misture bem.

Deixe descansar durante 30 minutos na geladeira.

o cozimento
Preaqueça o forno a 220ºC. Despeje uma colher (café) da mistura em cada cavidade, bem untada, da forma. Afunde um pedaço de tomate seco no centro de cada madeleine.

Coloque no forno. Deixe assar por 3 a 4 minutos e diminua a temperatura para 180ºC. Deixe assar por mais 5 a 6 minutos. Caso as madeleines dourem rápido demais, diminua a temperatura do forno.

PARA UMA FORMA DE 28 MADELEINES · 15 MINUTOS DE PREPARAÇÃO · 30 MINUTOS DE DESCANSO · 8 A 10 MINUTOS DE COZIMENTO

mini madeleines de alho e gengibre fritos

os ingredientes de base
100g de farinha de trigo branca
2 ovos
3 colheres (café) de fermento químico
1 pitada de sal e pimenta-do-reino preta
2 colheres (sopa) de azeite extravirgem
20g de manteiga derretida
2 colheres (sopa) de parmesão ralado
4 colheres (sopa) de leite

o recheio
2 dentes de alho
2cm de raiz de gengibre fresco
1 colher (sopa) de azeite

o recheio
Pique o alho em pedaços pequenos. Corte tiras bem finas do gengibre ou raspe-o.

Frite o alho e o gengibre no azeite. Quando o gengibre estiver dourado, desligue o fogo. Escorra o gengibre e o alho em papel-toalha.

a massa
Misture os ingredientes de base e adicione o alho e o gengibre. Misture bem.

Deixe descansar durante 30 minutos na geladeira.

o cozimento
Preaqueça o forno a 220ºC. Despeje uma colher (café) da mistura em cada cavidade, bem untada, da forma.

Coloque no forno. Deixe assar por 3 a 4 minutos e diminua a temperatura para 180ºC. Deixe assar por mais 5 a 6 minutos. Caso as madeleines dourem rápido demais, diminua a temperatura do forno.

PARA UMA FORMA DE 28 MADELEINES · 15 MINUTOS DE PREPARAÇÃO · 30 MINUTOS DE DESCANSO · 8 A 10 MINUTOS DE COZIMENTO

mini madeleines de gergelim

os ingredientes de base

100g de farinha de trigo branca
2 ovos
3 colheres (café) de fermento químico
1 pitada de sal e pimenta-do-reino preta
2 colheres (sopa) de óleo de gergelim
20g de manteiga derretida
2 colheres (sopa) de parmesão ralado
4 colheres (sopa) de leite

o recheio

2 colheres (sopa) de gergelim branco

o recheio

Em uma frigideira antiaderente e sem gordura, torre o gergelim no fogo muito baixo.

a massa

Misture os ingredientes de base e adicione o gergelim. Misture bem.

Deixe descansar durante 30 minutos na geladeira.

o cozimento

Preaqueça o forno a 220ºC. Despeje uma colher (café) da mistura em cada cavidade, bem untada, da forma.

Coloque no forno. Deixe assar por 3 a 4 minutos e diminua a temperatura para 180ºC. Deixe assar por mais 5 a 6 minutos. Caso as madeleines dourem rápido demais, diminua a temperatura do forno.

PARA UMA FORMA DE 28 MADELEINES · 10 MINUTOS DE PREPARAÇÃO · 30 MINUTOS DE DESCANSO · 8 A 10 MINUTOS DE COZIMENTO

mini madeleines de presunto e cominho

os ingredientes de base

100g de farinha de trigo branca
2 ovos
3 colheres (café) de fermento químico
1 pitada de sal e pimenta-do-reino preta
2 colheres (sopa) de azeite extravirgem
20g de manteiga derretida
2 colheres (sopa) de parmesão ralado
4 colheres (sopa) de leite

o recheio

100g de presunto cozido
2 colheres (café) de cominho em pó

o recheio

Pique o presunto grosseiramente e triture-o no processador.

a massa

Misture os ingredientes de base. Adicione o presunto e o cominho.

Misture bem e deixe descansar durante 30 minutos na geladeira.

o cozimento

Preaqueça o forno a 220ºC. Despeje uma colher (café) da mistura em cada cavidade, bem untada, da forma.

Coloque no forno. Deixe assar por 3 a 4 minutos e diminua a temperatura para 180ºC. Deixe assar por mais 5 a 6 minutos. Caso as madeleines dourem rápido demais, diminua a temperatura do forno.

PARA UMA FORMA DE 28 MADELEINES · 15 MINUTOS DE PREPARAÇÃO · 30 MINUTOS DE DESCANSO · 8 A 10 MINUTOS DE COZIMENTO

mini madeleines de maçã e chouriço

os ingredientes de base
100g de farinha de trigo branca
2 ovos
3 colheres (café) de fermento químico
1 pitada de sal e pimenta-do-reino preta
2 colheres (sopa) de azeite extravirgem
20g de manteiga derretida
2 colheres (sopa) de parmesão ralado
4 colheres (sopa) de leite

o recheio
1 maçã
1 pedaço de chouriço

o recheio

Descasque a maçã e corte-a em pedaços pequenos.

Esmigalhe o chouriço.

a massa

Misture os ingredientes de base e adicione a maçã. Misture bem.

Deixe descansar durante 30 minutos na geladeira.

o cozimento

Preaqueça o forno a 220ºC. Despeje uma colher (café) da mistura em cada cavidade, bem untada, da forma. Afunde um pouco de chouriço no centro de cada madeleine.

Coloque no forno. Deixe assar por 3 a 4 minutos e diminua a temperatura para 180ºC. Deixe assar por mais 5 a 6 minutos. Caso as madeleines dourem rápido demais, diminua a temperatura do forno.

PARA UMA FORMA DE 28 MADELEINES · 15 MINUTOS DE PREPARAÇÃO · 30 MINUTOS DE DESCANSO · 8 A 10 MINUTOS DE COZIMENTO

mini madeleines de presunto de parma

os ingredientes de base
100g de farinha de trigo branca
2 ovos
3 colheres (café) de fermento químico
1 pitada de sal e pimenta-do-reino preta
2 colheres (sopa) de azeite extravirgem
20g de manteiga derretida
2 colheres (sopa) de parmesão ralado
4 colheres (sopa) de leite

o recheio
4 fatias finas de presunto de parma
2 gotas de Tabasco

o recheio
Corte o presunto de parma em tiras finas.

a massa
Misture os ingredientes de base e adicione o presunto e o Tabasco.

Deixe descansar durante 30 minutos na geladeira.

o cozimento
Preaqueça o forno a 220ºC. Despeje uma colher (café) da mistura em cada cavidade, bem untada, da forma.

Coloque no forno. Deixe assar por 3 a 4 minutos e diminua a temperatura para 180ºC. Deixe assar por mais 5 a 6 minutos. Caso as madeleines dourem rápido demais, diminua a temperatura do forno.

Desenforme e sirva morno.

as mini madeleines de queijo

roquefort (EM CIMA, À ESQUERDA)

Pique 10g de roquefort.

Misture os ingredientes da receita base (vide página 6) e adicione os pedaços de roquefort. Coloque por 30 minutos na geladeira.

Preaqueça o forno a 220ºC. Despeje uma colher (café) da mistura em cada cavidade, bem untada, da forma.

Coloque no forno. Deixe assar por 3 a 4 minutos, e 5 a 6 minutos a 180ºC.

feta (EM BAIXO, À ESQUERDA)

Misture os ingredientes da receita base (vide página 6) e adicione pimenta-do-reino branca e rosa.

Adicione 20g de feta ou de ricota cortado em pedaços pequenos. Misture delicadamente. Coloque por 30 minutos na geladeira.

Preaqueça o forno a 220ºC. Despeje uma colher (café) da mistura em cada cavidade, bem untada, da forma.

Coloque no forno. Deixe assar por 3 a 4 minutos, e 5 a 6 minutos a 180ºC.

cheddar (EM CIMA, À DIREITA)

Rale grosseiramente ou corte em pedaços pequenos 40g de cheddar.

Misture os ingredientes da receita base (vide página 6) e adicione pimenta-do-reino branca e rosa. Adicione o queijo ralado e misture delicadamente. Coloque por 30 minutos na geladeira.

Preaqueça o forno a 220ºC. Despeje uma colher (café) da mistura em cada cavidade, bem untada, da forma.

Coloque no forno. Deixe assar por 3 a 4 minutos, e 5 a 6 minutos a 180ºC.

gruyère ralado (EM BAIXO, À DIREITA)

Misture os ingredientes da receita base (vide página 6) e adicione um pouco mais de sal. Acrescente 40g de gruyère ralado e misture bem. Coloque por 30 minutos na geladeira.

Preaqueça o forno a 220ºC. Despeje uma colher (café) da mistura em cada cavidade, bem untada, da forma.

Coloque no forno. Deixe assar por 3 a 4 minutos, e 5 a 6 minutos a 180ºC.

4 molhos para as mini madeleines salgadas

molho de queijo fresco (EM CIMA, À ESQUERDA)

Misture 200g de queijo fresco, 1 iogurte integral, 1 colher (sopa) de wasabi ou de mostarda. Tempere com sal e pimenta.

Finalize adicionando um pouco de ceboulete picada e brotos.

molho caseiro (EM BAIXO, À ESQUERDA)

Descasque 5 tomates (coloque-os em água fervente durante 1 minuto). Deixe esfriar.

Corte os tomates em cubos pequenos e retire as sementes.

Misture os cubos de tomates com um maço de coentro, o suco de um limão, 60ml de azeite e meia cebola roxa picada. Tempere com sal e pimenta.

Coloque na geladeira por, no mínimo, 30 minutos antes de servir.

smoothie de pepino e ervas (EM CIMA, À DIREITA)

Pique meio pepino em cubos pequenos.

Bata por aproximadamente 30 segundos o pepino, meio maço de coentro, 1 avocado e 300g de iogurte integral. Tempere com sal e pimenta.

creme de couve-flor (EM BAIXO, À DIREITA)

Cozinhe uma couve-flor pequena durante 20 minutos em uma grande quantidade de água salgada. Verifique o cozimento: a lâmina da faca deve deslizar com facilidade.

Bata a couve-flor escorrida junto com um copo de leite e 200ml de creme de leite fresco. Tempere com sal e pimenta.

Polvilhe cerefólio picado.

PARA UMA FORMA DE 28 MADELEINES · 10 MINUTOS DE PREPARAÇÃO · 30 MINUTOS DE DESCANSO · 6 A 10 MINUTOS DE COZIMENTO

receita de base doce

os ingredientes

2 ovos
150g de açúcar
150g de farinha de trigo peneirada
1 colher (café) de fermento químico
125g de manteiga em temperatura ambiente
2 colheres (sopa) de leite

a massa

Bata os ovos junto com o açúcar até obter um creme claro.

Adicione, aos poucos, a farinha e o fermento químico peneirados. Acrescente a manteiga e o leite.

Adicione a essência da sua preferência.

Deixe descansar durante 30 minutos na geladeira.

o cozimento

Preaqueça o forno a 220ºC. Despeje uma colher (café) da mistura em cada cavidade, bem untada, da forma.

Coloque no forno. Deixe assar por 3 a 4 minutos e diminua a temperatura para 180ºC. Deixe assar por mais 5 a 6 minutos.

As mini madeleines cozinham rapidamente. Caso elas dourem rápido demais, diminua a temperatura do forno. Desenforme em seguida e deixe esfriar em cima da grade.

Para isso, aconselhamos usar as formas flexíveis, pois elas não grudam, e as madeleines serão feitas sempre com sucesso.

as mini madeleines aromatizadas

chá matcha (EM CIMA, À ESQUERDA)

Prepare a massa como foi indicado na receita de base (vide página 40).

Adicione 2 colheres (café) de essência de baunilha, algumas sementes de baunilha em pó e 1 colher (chá) de matcha em pó. Coloque por 30 minutos na geladeira.

Preaqueça o forno a 220ºC. Despeje uma colher (café) da mistura em cada cavidade, bem untada, da forma.

Coloque no forno. Deixe assar por 3 a 4 minutos, e 5 a 6 minutos a 180ºC.

limão-siciliano (EM BAIXO, À ESQUERDA)

Raspe um limão-siciliano orgânico (as raspas devem ficar bem finas).

Esprema o limão e reserve o suco.

Prepare a massa como foi indicado na receita de base (vide página 40). Adicione o suco de limão e as raspas. Coloque por 30 minutos na geladeira.

Preaqueça o forno a 220ºC. Despeje uma colher (café) da mistura em cada cavidade, bem untada, da forma.

Coloque no forno. Deixe assar por 3 a 4 minutos, e 5 a 6 minutos a 180ºC.

água de flor-de-laranjeira (EM CIMA, À DIREITA)

Prepare a massa como foi indicado na receita de base (vide página 40).

Adicione uma colher (sopa) de água de flor-de-laranjeira. Coloque por 30 minutos na geladeira.

Preaqueça o forno a 220ºC. Despeje uma colher (café) da mistura em cada cavidade, bem untada, da forma.

Coloque no forno. Deixe assar por 3 a 4 minutos, e 5 a 6 minutos a 180ºC.

alcaçuz (EM BAIXO, À DIREITA)

Prepare a massa como foi indicado na receita de base (vide página 40).

Adicione uma colher (sopa) de xarope alcaçuz. Coloque por 30 minutos na geladeira.

Preaqueça o forno a 220ºC. Despeje uma colher (café) da mistura em cada cavidade, bem untada, da forma.

Coloque no forno. Deixe assar por 3 a 4 minutos, e 5 a 6 minutos a 180ºC.

PARA UMA FORMA DE 28 MADELEINES · 5 MINUTOS DE PREPARAÇÃO · 30 MINUTOS DE DESCANSO · 6 A 10 MINUTOS DE COZIMENTO

mini madeleines de mel

os ingredientes de base

2 ovos
150g de açúcar
150g de farinha de trigo peneirada
1 colher (café) de fermento químico
125g de manteiga em temperatura ambiente
2 colheres (sopa) de leite

o recheio

2 colheres (sopa) de mel ou de melado
de cana

a massa

Bata os ovos junto com o açúcar até obter um creme claro.

Adicione, aos poucos, a farinha e o fermento químico peneirados. Acrescente a manteiga e o leite.

Adicione o mel ou o melado de cana.

Deixe descansar durante 30 minutos na geladeira.

o cozimento

Preaqueça o forno a 220ºC. Despeje uma colher (café) da mistura em cada cavidade, bem untada, da forma.

Coloque no forno. Deixe assar por 3 a 4 minutos e diminua a temperatura para 180ºC. Deixe assar por mais 5 a 6 minutos. Caso as madeleines dourem rápido demais, diminua a temperatura do forno.

PARA UMA FORMA DE 28 MADELEINES · 5 MINUTOS DE PREPARAÇÃO · 30 MINUTOS DE DESCANSO · 6 A 10 MINUTOS DE COZIMENTO

mini madeleines de caramelo com manteiga salgada

os ingredientes de base
2 ovos
150g de açúcar
150g de farinha de trigo peneirada
1 colher (café) de fermento químico
125g de manteiga em temperatura ambiente
2 colheres (sopa) de leite

o recheio
10 balas de caramelo mole

a massa
Bata os ovos junto com o açúcar até obter um creme claro.

Adicione, aos poucos, a farinha e o fermento químico peneirados. Acrescente a manteiga e o leite.

Deixe descansar durante 30 minutos na geladeira.

o recheio
Corte as balas de caramelo em três pedaços.

o cozimento
Preaqueça o forno a 220ºC. Despeje uma colher (café) da mistura em cada cavidade, bem untada, da forma. Afunde um pedaço de caramelo no centro de cada madeleine.

Coloque no forno. Deixe assar por 3 a 4 minutos e diminua a temperatura para 180ºC. Deixe assar por mais 5 a 6 minutos. Caso as madeleines dourem rápido demais, diminua a temperatura do forno.

PARA UMA FORMA DE 28 MADELEINES · 5 MINUTOS DE PREPARAÇÃO · 30 MINUTOS DE DESCANSO · 6 A 10 MINUTOS DE COZIMENTO

mini madeleines de café

os ingredientes de base

2 ovos
150g de açúcar
150g de farinha de trigo peneirada
1 colher (café) de fermento químico
125g de manteiga em temperatura ambiente
2 colheres (sopa) de leite

o recheio

1 colher (café) de licor ou de essência de café

a massa

Bata os ovos junto com o açúcar até obter um creme claro.

Adicione, aos poucos, a farinha e o fermento químico peneirados. Acrescente a manteiga e o leite.

o recheio

Adicione a essência de café e misture bem.

Deixe descansar durante 30 minutos na geladeira.

o cozimento

Preaqueça o forno a 220ºC. Despeje uma colher (café) da mistura em cada cavidade, bem untada, da forma.

Coloque no forno. Deixe assar por 3 a 4 minutos e diminua a temperatura para 180ºC. Deixe assar por mais 5 a 6 minutos. Caso as madeleines dourem rápido demais, diminua a temperatura do forno.

as mini madeleines de chocolate

chocolate amargo (EM CIMA, À ESQUERDA)

Derreta 50g de chocolate amargo em banho-maria.

Prepare a massa como foi indicado na receita de base (vide página 40). Acrescente o chocolate derretido e misture bem. Coloque por 30 minutos na geladeira.

Preaqueça o forno a 220ºC. Despeje uma colher (café) da mistura em cada cavidade, bem untada, da forma.

Coloque no forno. Deixe assar por 3 a 4 minutos, e 5 a 6 minutos a 180ºC.

creme de chocolate com avelã

(EM BAIXO, À ESQUERDA)

Prepare a massa como foi indicado na receita de base (vide página 40).

Adicione uma colher (sopa) de creme de chocolate com avelã. Misture bem e coloque por 30 minutos na geladeira.

Preaqueça o forno a 220ºC. Despeje uma colher (café) da mistura em cada cavidade, bem untada, da forma.

Coloque no forno. Deixe assar por 3 a 4 minutos, e 5 a 6 minutos a 180ºC.

chocolate branco (EM CIMA, À DIREITA)

Derreta 50g de chocolate branco em banho-maria.

Prepare a massa como foi indicado na receita de base (vide página 40). Acrescente o chocolate derretido e misture bem. Coloque por 30 minutos na geladeira.

Preaqueça o forno a 220ºC. Despeje uma colher (café) da mistura em cada cavidade, bem untada, da forma.

Coloque no forno. Deixe assar por 3 a 4 minutos, e 5 a 6 minutos a 180ºC.

chocolate ao leite (EM BAIXO, À DIREITA)

Pique 50g de chocolate ao leite em pedaços pequenos.

Prepare a massa como foi indicado na receita de base (vide página 40). Adicione o chocolate picado e misture bem. Coloque por 30 minutos na geladeira.

Preaqueça o forno a 220ºC. Despeje uma colher (café) da mistura em cada cavidade, bem untada, da forma.

Coloque no forno. Deixe assar por 3 a 4 minutos, e 5 a 6 minutos a 180ºC.

PARA UMA FORMA DE 28 MADELEINES · 10 MINUTOS DE PREPARAÇÃO · 30 MINUTOS DE DESCANSO · 6 A 10 MINUTOS DE COZIMENTO

mini madeleines tipo baba ao rum

os ingredientes de base

2 ovos
150g de açúcar
150g de farinha de trigo peneirada
1 colher (café) de fermento químico
125g de manteiga em temperatura ambiente
2 colheres (sopa) de leite

o recheio

200ml + 2 gotas de rum
20g de uvas passas escuras
500ml de creme inglês

o recheio

Deixe as uvas-passas de molho em 100ml de rum durante 30 minutos.

a massa

Bata os ovos junto com o açúcar até obter um creme claro.

Adicione, aos poucos, a farinha e o fermento químico peneirados. Acrescente a manteiga e o leite.

Incorpore as uvas passas escorridas e as 2 gotas de rum. Misture bem e deixe descansar durante 30 minutos na geladeira.

o cozimento

Preaqueça o forno a 220ºC. Despeje uma colher (café) da mistura em cada cavidade, bem untada, da forma.

Coloque no forno. Deixe assar por 3 a 4 minutos e diminua a temperatura para 180ºC. Deixe assar por mais 5 a 6 minutos. Caso as madeleines dourem rápido demais, diminua a temperatura do forno.

a montagem

Quando as madeleines estiverem assadas, esquente 100ml de rum e despeje nas madeleines na hora de servir.

Acompanhe as mini madeleines com creme inglês (vide receita página 64).

as mini madeleines de frutas frescas

framboesas (EM CIMA, À ESQUERDA)

Lave e seque uma caixinha de framboesas.

Prepare a massa como foi indicado na receita de base (vide página 40). Misture bem e coloque por 30 minutos na geladeira.

Preaqueça o forno a 220°C. Despeje uma colher (café) da mistura em cada cavidade, bem untada, da forma. Afunde uma framboesa no centro de cada madeleine.

Coloque no forno. Deixe assar por 3 a 4 minutos, e 5 a 6 minutos a 180°C.

peras (EM BAIXO, À ESQUERDA)

Prepare a massa como foi indicado na receita de base (vide página 40).

Corte uma pera em pedaços bem pequenos e incorpore-os à massa. Misture bem e coloque por 30 minutos na geladeira.

Preaqueça o forno a 220°C. Despeje uma colher (café) da mistura em cada cavidade, bem untada, da forma.

Coloque no forno. Deixe assar por 3 a 4 minutos, e 5 a 6 minutos a 180°C.

banana (EM CIMA, À DIREITA)

Prepare a massa como foi indicado na receita de base (vide página 40). Misture bem e coloque por 30 minutos na geladeira.

Preaqueça o forno a 220°C. Despeje uma colher (café) da mistura em cada cavidade, bem untada, da forma. Corte duas bananas em rodelas e afunde uma rodela no centro de cada madeleine

Coloque no forno. Deixe assar por 3 a 4 minutos, e 5 a 6 minutos a 180°C.

mirtilos (EM BAIXO, À DIREITA)

Lave e seque uma caixinha de mirtilos.

Prepare a massa como foi indicado na receita de base (vide página 40). Misture bem e coloque por 30 minutos na geladeira.

Preaqueça o forno a 220°C. Despeje uma colher (café) da mistura em cada cavidade, bem untada, da forma. Afunde um mirtilo no centro de cada madeleine.

Coloque no forno. Deixe assar por 3 a 4 minutos, e 5 a 6 minutos a 180°C.

as mini madeleines com coração de geleia

doce de leite (EM CIMA, À ESQUERDA)

Prepare a massa como foi indicado na receita de base (vide página 40). Coloque por 30 minutos na geladeira.

Preaqueça o forno a 220ºC. Despeje metade de uma colher (café) da mistura em cada cavidade, bem untada, da forma. Coloque um pouco de doce de leite no centro de cada madeleine e cubra com massa.

Coloque no forno. Deixe assar por 3 a 4 minutos, e 5 a 6 minutos a 180ºC.

morango (EM BAIXO, À ESQUERDA)

Prepare a massa como foi indicado na receita de base (vide página 40). Coloque por 30 minutos na geladeira.

Preaqueça o forno a 220ºC. Despeje metade de uma colher (café) da mistura em cada cavidade, bem untada, da forma. Coloque um pouco de geleia de morango no centro de cada madeleine e cubra com massa.

Coloque no forno. Deixe assar por 3 a 4 minutos, e 5 a 6 minutos a 180ºC.

cereja preta (EM CIMA, À DIREITA)

Prepare a massa como foi indicado na receita de base (vide página 40). Coloque por 30 minutos na geladeira.

Preaqueça o forno a 220ºC. Despeje metade de uma colher (café) da mistura em cada cavidade, bem untada, da forma. Coloque um pouco de geleia de cereja preta no centro de cada madeleine e cubra com massa.

Coloque no forno. Deixe assar por 3 a 4 minutos, e 5 a 6 minutos a 180ºC.

laranja (EM BAIXO, À DIREITA)

Prepare a massa como foi indicado na receita de base (vide página 40). Coloque por 30 minutos na geladeira.

Preaqueça o forno a 220ºC. Despeje metade de uma colher (café) da mistura em cada cavidade, bem untada, da forma. Coloque um pouco de geleia de laranja no centro de cada madeleine e cubra com massa.

Coloque no forno. Deixe assar por 3 a 4 minutos, e 5 a 6 minutos a 180ºC.

PARA UMA FORMA DE 28 MADELEINES · 10 MINUTOS DE PREPARAÇÃO · 30 MINUTOS DE DESCANSO · 6 A 10 MINUTOS DE COZIMENTO

mini madeleines tipo carrot cake

os ingredientes de base

2 ovos
150g de açúcar
150g de farinha de trigo peneirada
1 colher (café) de fermento químico
125g de manteiga em temperatura ambiente
2 colheres (sopa) de leite

o recheio

200g de cenoura ralada
1 colher (café) de canela em pó
1 colher (café) de essência de baunilha
1 pote de lemon curd (vide receita página 64)
açúcar de confeiteiro

a massa

Bata os ovos junto com o açúcar até obter um creme claro. Adicione, aos poucos, a farinha e o fermento químico peneirados. Acrescente a manteiga e o leite.

Adicione as cenouras, a canela e a baunilha. Misture bem e deixe descansar durante 30 minutos na geladeira.

o cozimento

Preaqueça o forno a 220ºC. Despeje uma colher (café) da mistura em cada cavidade, bem untada, da forma.

Coloque no forno. Deixe assar por 3 a 4 minutos e diminua a temperatura para 180ºC. Deixe assar por mais 5 a 6 minutos. Caso as madeleines dourem rápido demais, diminua a temperatura do forno.

a montagem

Polvilhe açúcar de confeiteiro e sirva com lemon curd.

PARA UMA FORMA DE 28 MADELEINES · 10 MINUTOS DE PREPARAÇÃO · 30 MINUTOS DE DESCANSO · 6 A 10 MINUTOS DE COZIMENTO

mini madeleines chocomenta

os ingredientes de base

2 ovos
150g de açúcar
150g de farinha de trigo peneirada
1 colher (café) de fermento químico
125g de manteiga em temperatura ambiente
2 colheres (sopa) de leite

o recheio

10 chocolates recheados de menta
2 talos de hortelã

o recheio

Pique o chocolate em pedaços pequenos.

a massa

Bata os ovos junto com o açúcar até obter um creme claro. Adicione, aos poucos, a farinha e o fermento químico peneirados. Acrescente a manteiga e o leite.

Adicione a hortelã picada finamente e o chocolate. Misture bem e deixe descansar durante 30 minutos na geladeira.

o cozimento

Preaqueça o forno a 220ºC. Despeje uma colher (café) da mistura em cada cavidade, bem untada, da forma.

Coloque no forno. Deixe assar por 3 a 4 minutos e diminua a temperatura para 180ºC. Deixe assar por mais 5 a 6 minutos. Caso as madeleines dourem rápido demais, diminua a temperatura do forno.

PARA UMA FORMA DE 28 MADELEINES · 10 MINUTOS DE PREPARAÇÃO · 30 MINUTOS DE DESCANSO · 6 A 10 MINUTOS DE COZIMENTO

mini madeleines cor-de-rosa

os ingredientes de base
2 ovos
150g de açúcar
150g de farinha de trigo peneirada
1 colher (café) de fermento químico
125g de manteiga em temperatura ambiente
2 colheres (sopa) de leite

o recheio
200g de crocantes cor-de-rosa

o glacê
1 clara
200g de açúcar de confeiteiro
suco de meio limão
1 gota de corante alimentício cor-de-rosa
1 gota de óleo da sua preferência

o recheio

Pique grosseiramente os crocantes.

a massa

Bata os ovos junto com o açúcar até obter um creme claro. Adicione, aos poucos, a farinha e o fermento químico peneirados. Acrescente a manteiga e o leite.

Adicione os crocantes. Misture bem e deixe descansar durante 30 minutos na geladeira.

o glacê

Misture a clara e o açúcar de confeiteiro, adicione o suco de limão e bata rapidamente até obter um creme claro. Incorpore o corante e o óleo e misture novamente (o óleo serve para dar brilho ao glacê).

o cozimento

Preaqueça o forno a 220ºC. Despeje uma colher (café) da mistura em cada cavidade, bem untada, da forma.

Coloque no forno. Deixe assar por 3 a 4 minutos e diminua a temperatura para 180ºC. Deixe assar por mais 5 a 6 minutos. Caso as madeleines dourem rápido demais, diminua a temperatura do forno.

Deixe as madeleines esfriarem antes de cobri-las com o glacê.

4 molhos para as mini madeleines doces

creme inglês (EM CIMA, À ESQUERDA)

Deixe ferver 500ml de leite junto com 75g de açúcar
e uma fava de baunilha cortada ao meio.

Em uma tigela, coloque 4 gemas, despeje o leite com
baunilha quente em cima dos ovos e bata até formar um
creme homogêneo. Retire a fava de baunilha.

Leve ao fogo novamente e continue o cozimento em fogo baixo,
mexendo sempre com uma colher de pau até obter um molho untuoso.

lemon curd (EM BAIXO, À ESQUERDA)

Lave dois limões-sicilianos. Retire as raspas e esprema os limões.

Em uma tigela, misture o suco dos limões, as raspas, 150g de
açúcar, 4 ovos e 100g de manteiga cortada em pedaços pequenos.

Prepare um banho-maria: deixe ferver água em uma panela.
Quando estiver fervente, coloque uma tigela com a mistura em
cima, tomando cuidado para que o fundo da panela não encoste
na água. Bata a mistura até que ela fique mais grossa.

Quando o molho estiver grosso, despeje-o em uma tigela ou em
potinhos de vidro. Deixe esfriar e conserve na geladeira.

molho de frutas vermelhas (EM CIMA, À DIREITA)

Na batedeira, coloque 500g de framboesas, morangos e amoras
junto com um copo (americano) de água e 35g de açúcar.

Bata até obter uma consistência líquida homogênea.

chantilly de rosa (EM BAIXO, À DIREITA)

Coloque 500ml de creme de leite fresco, uma tigela e os
batedores dentro do freezer durante 15 minutos.

Despeje o creme de leite na tigela gelada, adicione
35g de açúcar e bata com a ajuda de uma batedeira
elétrica, aumentando a velocidade aos poucos.

Acrescente uma a duas colheres (sopa) de água de
rosa (ou de essência da sua preferência).

Deixe descansar durante, no mínimo, 2 horas
na geladeira. Retire na hora de servir.

PARA 4 PESSOAS · 30 MINUTOS DE PREPARAÇÃO · 1 HORA DE DESCANÇO

tiramissú de mini madeleines

os ingredientes
2 gemas
50g de açúcar de confeiteiro
150g de mascarpone
12 madeleines de base ou de café
(vide receitas páginas 40 ou 48)
100ml de café (ou 2 espressos)
2 colheres (sopa) de cacau em pó

o creme de mascarpone

Bata vigorosamente as gemas junto com o açúcar. Quando a mistura
estiver com consistência de mousse, adicione o mascarpone.

a montagem

Mergulhe as madeleines dentro do café e coloque-as no fundo de 4 taças ou de uma tigela

Cubra com creme de mascarpone.

Polvilhe o cacau em pó e deixe resfriar por, pelo menos, 1 hora na geladeira.

charlottes e trifles de mini madeleines

charlottes de morangos (EM CIMA, À ESQUERDA)

Deixe uma folha de gelatina de molho na água fria.

Corte 10 madeleines da receita de base (vide página 40) ou cor-de-rosa (vide página 62) no sentido do comprimento. Mergulhe os pedaços em 100ml de xarope de morango e coloque-os nas laterais de 4 formas pequenas de charlotte.

Corte 150g de morangos pela metade e coloque-os no centro de cada molde.

Esquente 200ml de creme inglês, adicione a gelatina e bata bem para ela derreter. Despeje o creme nos moldes e leve-as para a geladeira por, pelo menos, 2 horas.

charlottes de castanhas portuguesas

(EM BAIXO, À ESQUERDA)

Deixe uma folha de gelatina de molho na água fria. Corte cinco madeleines da receita de base (vide página 40) e cinco de chocolate (vide página 50) no sentido do comprimento. Mergulhe os pedaços em uma colher (café) de essência de baunilha, misturado com um pouco de água.

Coloque as madeleines nas laterais de 4 formas pequenas de charlotte, alternando-as.

Aqueça 200ml de creme de castanha portuguesa, adicione a gelatina e bata bem para ela derreter. Despeje o creme nas formas e leve-as para a geladeira por, pelo menos, 2 horas.

trifles de framboesas (EM CIMA, À DIREITA)

Coloque as madeleines da receita de base (vide página 40) ou de framboesas (vide página 54) em 4 copinhos.

Adicione 25g de merengue cor-de-rosa esmigalhado, framboesas frescas e despeje coulis de frutas vermelhas por cima.

trifles de maçãs caramelizadas, creme inglês e biscoitos de canela (EM BAIXO, À DIREITA)

Pique uma maçã grosseiramente, sem descascá-la. Em uma panela, refogue os pedaços junto com um pouco de manteiga. Despeje mel e polvilhe canela. Quando os pedaços estiverem bem caramelizados, desligue o fogo.

Esmigalhe 10 biscoitos de canela e cinco madeleines da receita de base (vide página 40).

Coloque, em copinhos, um pouco de maçã caramelizada, de biscoitos de canela e de madeleine. Despeje creme inglês ainda quente por cima e finalize com chantilly.

PARA 3 FORMAS DE 28 MADELEINES · 40 MINUTOS DE PREPARAÇÃO · 1 HORA E 30 MINUTOS DE DESCANSO · 30 MINUTOS DE COZIMENTO

torre colorida

os ingredientes de base

450g de farinha peneirada
375g de manteiga em temperatura ambiente
450g de açúcar
6 ovos
6 colheres (sopa) de leite
3 colheres (café) de fermento químico

a decoração

1 clara
800g de açúcar de confeiteiro
1 caixa de 4 corantes alimentícios de
cores diferentes
palitos
flores de açúcar para decorar

1 cone de 30cm de altura em isopor (à venda
em lojas especializadas)

as madeleines

Bata os ovos junto com o açúcar até obter um creme claro. Adicione, aos poucos, a farinha e o fermento químico peneirados. Acrescente a manteiga e o leite. Deixe descansar durante 30 minutos na geladeira.

Preaqueça o forno a 220ºC. Despeje uma colher (café) da mistura em cada cavidade, bem untada, da forma.

Coloque no forno. Deixe assar por 3 a 4 minutos e diminua a temperatura para 180ºC. Deixe assar por mais 5 a 6 minutos. Retire as madeleines do forno e deixe-as esfriar em cima de uma grade.

o glacê

Misture a clara e o açúcar de confeiteiro. A mistura terá uma consistência compacta no início mas, pouco a pouco, ficará mais líquida. Misture bem.

Separe a preparação em 4 ou cinco porções e adicione uma gota de corante alimentício em cada uma. Misture cada cor com a ajuda de uma colher. Deixe os glacês secarem (aproximadamente 20 minutos).

a montagem

Passe glacê em cima de cada uma das madeleines e deixe-as secar em cima de uma grade ou de papel-manteiga durante 1 hora.

Espete cada uma das madeleines no isopor, deixando o palito inclinado para a madeleine não escorrer.

Quando todas as madeleines estiverem prontas, decore com as flores de açúcar.

Essa torre colorida pode ser conservada durante três dias em um lugar livre de umidade.

© Editora Boccato (Gourmet Brasil) / CookLovers

edição **André Boccato**

coordenanação editorial **Manon Bourgeade / Maria Aparecida C. Ramos**

tradução **Manon Bourgeade**

revisão **Maria Luiza Momesso Paulino**

adaptação **Estúdio Paladar - Aline Maria Terrassi Leitão**

diagramação **Arturo Kleque Gomes Neto**

Edição original © Hachette Livre - Marabout 2009

As fotografias das receitas deste livro são ensaios artísticos, não necessariamente reproduzindo as proporções e realidade das receitas, as quais foram criadas e testadas pelos autores, porém sua efetiva realização será sempre uma interpretação pessoal dos leitores.

```
Dados Internacionais de Catalogação na Publicação (CIP)
       (Câmara Brasileira do Livro, SP, Brasil)

   Mahut, Sandra
       Mini Madeleines / fotografias de David Japy ;
   [tradução Manon Bourgeade] Sandra Mahut. --
   São Paulo : Editora Boccato, 2010.

       Título original: Mini Madeleines

       1. Culinária (Madeleines) 2. Culinária
   (Receitas) 3. Gastronomia 4. Madeleines I. Japy,
   David. II. Título.

10-06713                                    CDD-641.5

            Índices para catálogo sistemático:

       1. Madeleines : Receitas culinárias : Economia
              doméstica   641.5
```

A cozinha faz amigos.

www.boccato.com.br

Rua Valois de Castro, 50 - Vila Nova Conceição - 04513-090
São Paulo - SP - Brasil - Tel.: 11 3846-5141
contato@boccato.com.br

www.cooklovers.com.br

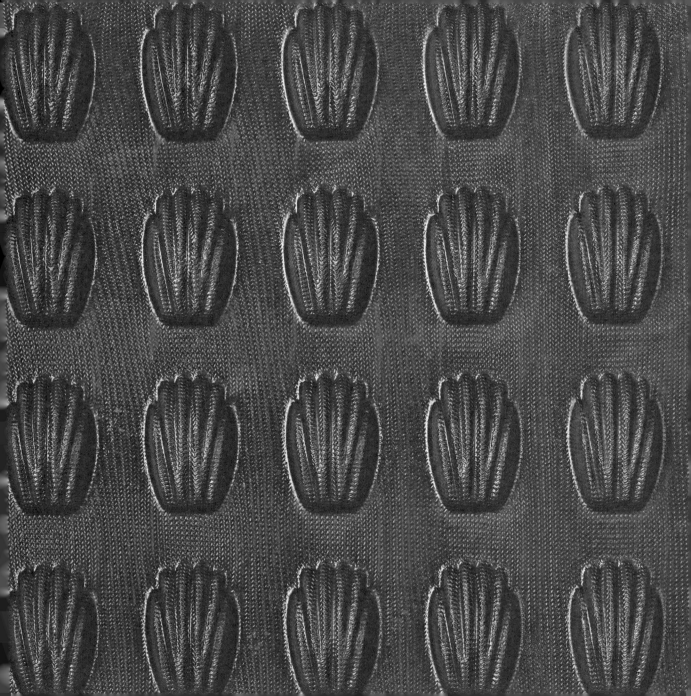